Dorothee Raab

Rechnen mit großen Zahlen schnell kapiert

4. Klasse

Mit Illustrationen von
Karin Schliehe/Bernhard Mark
und Eva Wagendristel

Große Zahlen in die Stellenwerttafel eintragen

Trage die Zahlen in die Stellenwerttafel ein und lies sie laut vor.

Manche Zahlen sehen riesig aus. Damit du sie besser lesen kannst, ergänze als Hilfe Punkte.

Ist eine Stelle nicht besetzt, ergänze eine Null.

Wir kürzen ab:
E = Einer
Z = Zehner
H = Hunderter
T = Tausender
ZT = Zehntausender
HT = Hunderttausender
Mio = Million

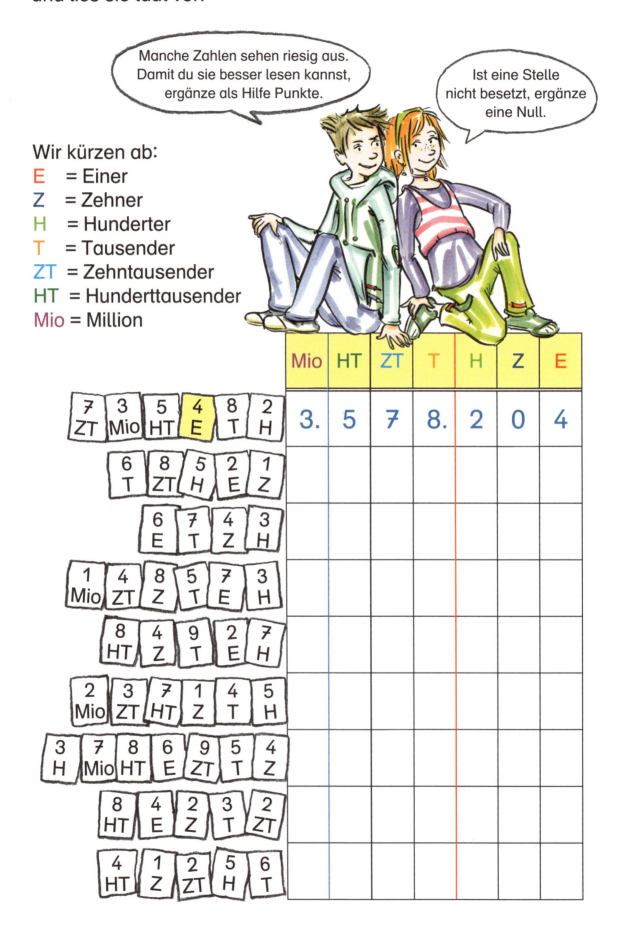

Mio	HT	ZT	T	H	Z	E
3.	5	7	8.	2	0	4

2

In großen Schritten zählen

Zähle in Hunderterschritten.

Mio	HT	ZT	T	H	Z	E
			4	2.6	3	5
			4	2.7	3	5
			4	2.8	3	5

Zähle in Tausenderschritten.

Mio	HT	ZT	T	H	Z	E
			6	4.5	3	2
			6	5.5	3	2

Zähle in Zehntausenderschritten.

Mio	HT	ZT	T	H	Z	E
	7	5.	2.8	0	0	

Zähle in Hunderttausenderschritten.

Mio	HT	ZT	T	H	Z	E
	4	3	2.6	8	0	

Zahlen auf dem Zahlenstrahl eintragen

Welche Zahlen fehlen in den Schildern? Trage sie ein.

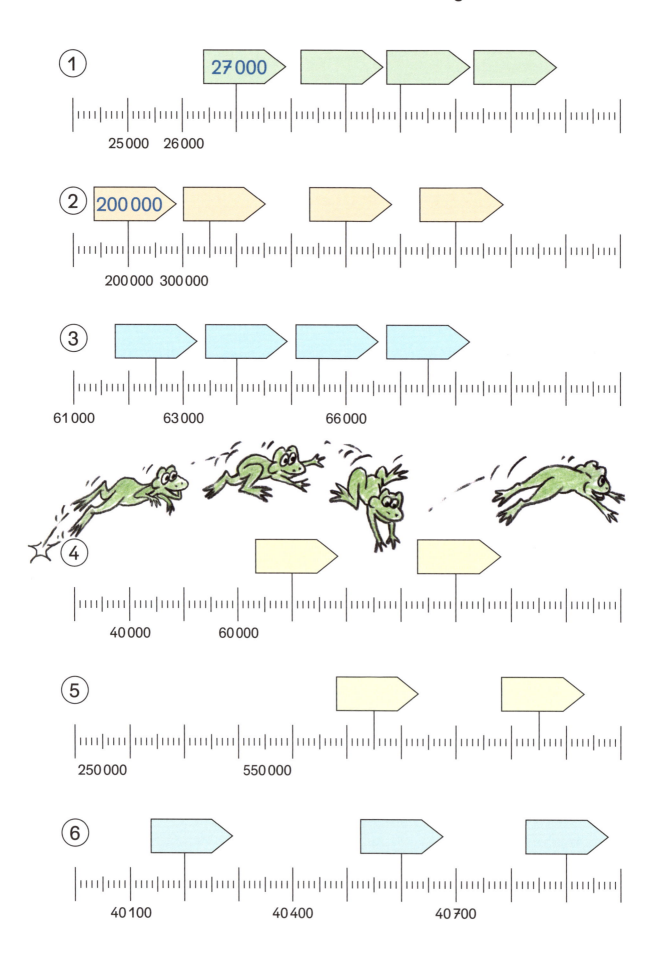

Vorgänger und Nachfolger finden

Ergänze zu jeder Zahl den Vorgänger und den Nachfolger.
Schreibe Einer unter Einer, Zehner unter Zehner usw.

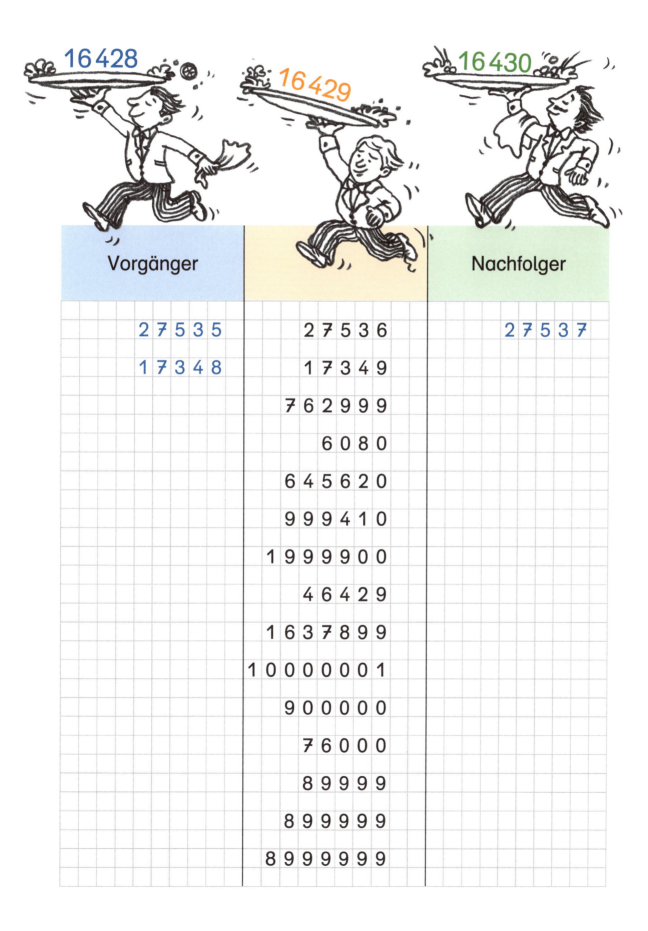

Vorgänger		Nachfolger
2 7 5 3 5	2 7 5 3 6	2 7 5 3 7
1 7 3 4 8	1 7 3 4 9	
	7 6 2 9 9 9	
	6 0 8 0	
	6 4 5 6 2 0	
	9 9 9 4 1 0	
	1 9 9 9 9 0 0	
	4 6 4 2 9	
	1 6 3 7 8 9 9	
	1 0 0 0 0 0 1	
	9 0 0 0 0 0	
	7 6 0 0 0	
	8 9 9 9 9	
	8 9 9 9 9 9	
	8 9 9 9 9 9 9	

Aufrunden oder abrunden?

Runde zum nächsten Hunderter auf oder ab.

abrunden		aufrunden
	1 5 6 2 →	1 6 0 0
	7 3 8 5	
	4 2 9 3	
	6 1 7 5	
	1 5 2 9	
	8 7 1 2	
	9 3 3 6	
	4 5 6 8	

Unterstreiche die Hunderterstelle. Runde auf, wenn die Zahl rechts daneben 50 oder größer ist.

Runde zum nächsten Tausender auf oder ab.

Unterstreiche die Tausenderstelle. Runde auf, wenn die Zahl rechts daneben 500 oder größer ist.

abrunden		aufrunden
1 5 0 0 0 ←	1 5 2 6 8	
	3 3 4 1 9 7	
	5 4 6 3 1 4	
	3 8 7 9 2	
	1 6 9 4 9	
	4 6 5 7 9 6	
	5 4 6 3 9 2	
	1 5 1 2 4	

Halbschriftlich addieren

Rechne die Aufgaben schrittweise und notiere deine Ergebnisse.

40600 + 25200 =	
40600 + 20000 =	60600
60600 + 5000 =	65600
65600 + 200 =	65800

66180 + 31200 =

251300 + 30400 =

182400 + 10300 =

56200 + 22400 =

43290 + 32400 =

Schriftlich addieren ohne und mit Übertrag

Rechne die Additionsaufgaben und male die passenden Ergebnisfische an.

```
  24672        42373        34203
+ 32124      + 34215      + 43425
  -----        -----        -----
  56796

  62435        87531        52906
+ 25342      + 11124      + 34092
```

Fische: 87777, 98655, 56796, 86998, 76588, 77628

Rechne mit Übertrag.

Wenn beim Addieren eine Zahl größer als 9 ist, notiere den Übertrag.

```
  48973         13549
  52318         54632
+     1       +
  -----         -----
      1

  23792         42308
  64216         39412
+             +

  35678         45321         23564
  12321        531244        241032
  46004        312412        624303
+             +             +
```

Schriftlich addieren mit Überschlag

Löse die Aufgaben und suche jeweils den Überschlag.
Male die Ergebnisbälle an.

```
  67891
  34973
+ _____
```

Überschlag:
```
  68000
  35000
+ _____
```

287481

```
  34715
  42897
+ _____
```

Überschlag:

103920

354696

```
  84231
  19689
+ _____
```

Überschlag:

77612

```
  281492
    5989
+ _____
```

Überschlag:

102864

Für den Überschlag runde jede Zahl auf oder ab.

```
  312595
   42101
+ _____
```

Überschlag:

Mit dem Überschlag kannst du überprüfen, ob dein Ergebnis ungefähr stimmt.

9

Geschickt addieren mit Rechentricks

Stelle die Zahlen so um, dass du geschickt addieren kannst.

53 + 18 + 7 + 2 =

53 + 7 + ___ + ___ =

9 + 7 + 3 + 1 = + + + =	2 + 46 + 18 + 4 = + + + =
16 + 23 + 14 + 27 = + + + =	7 + 38 + 43 + 2 = + + + =
31 + 25 + 19 + 15 = + + + =	32 + 27 + 8 + 3 = + + + =
23 + 18 + 7 + 12 = + + + =	5 + 16 + 35 + 4 = + + + =

Rechne geschickt.

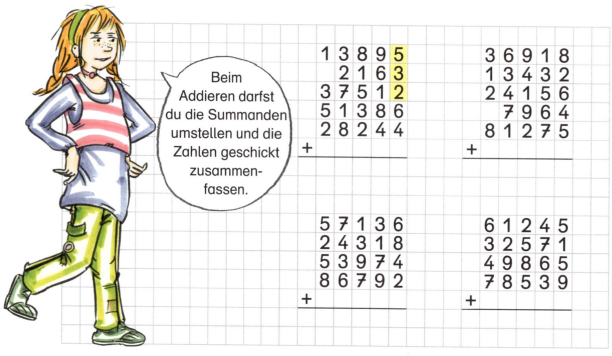

Beim Addieren darfst du die Summanden umstellen und die Zahlen geschickt zusammenfassen.

Geschickt addieren mit Rechentricks

Rechne die Aufgaben im Kopf.
Wende den Rechentrick vom Beispiel an.

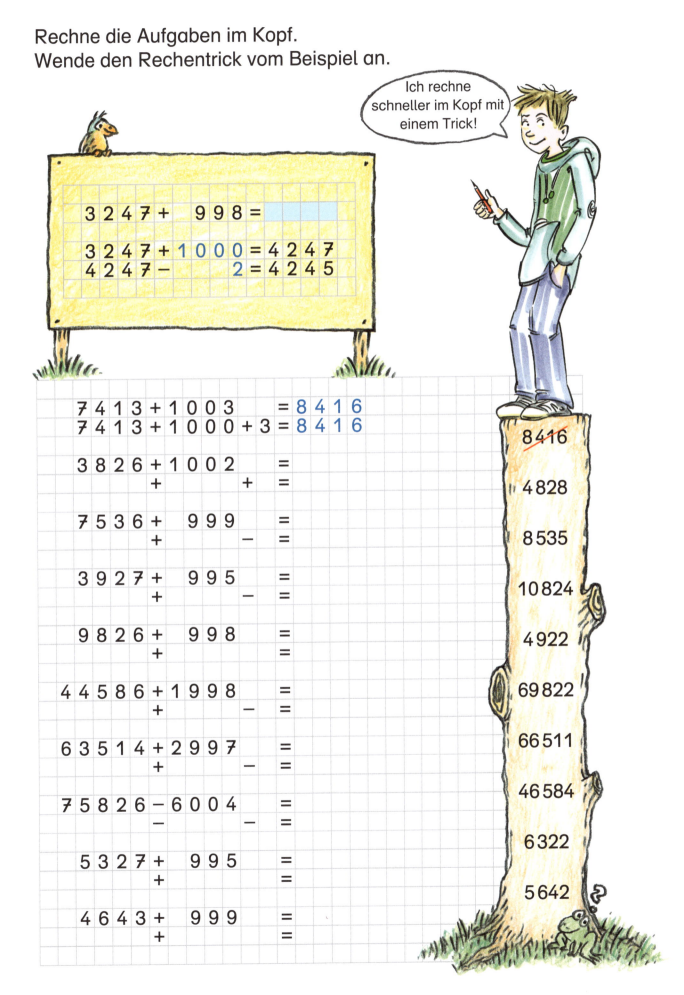

Halbschriftlich subtrahieren

Rechne die Aufgaben schrittweise.

Schriftlich subtrahieren

Schau dir das Beispiel genau an.

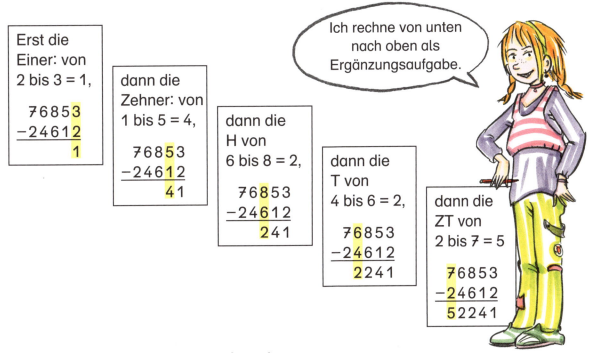

Rechne die Aufgaben und male die passenden Lösungsäpfel an.

Schriftlich subtrahieren mit Übertrag

Schreibe die Zahlen richtig untereinander und rechne die Aufgaben.

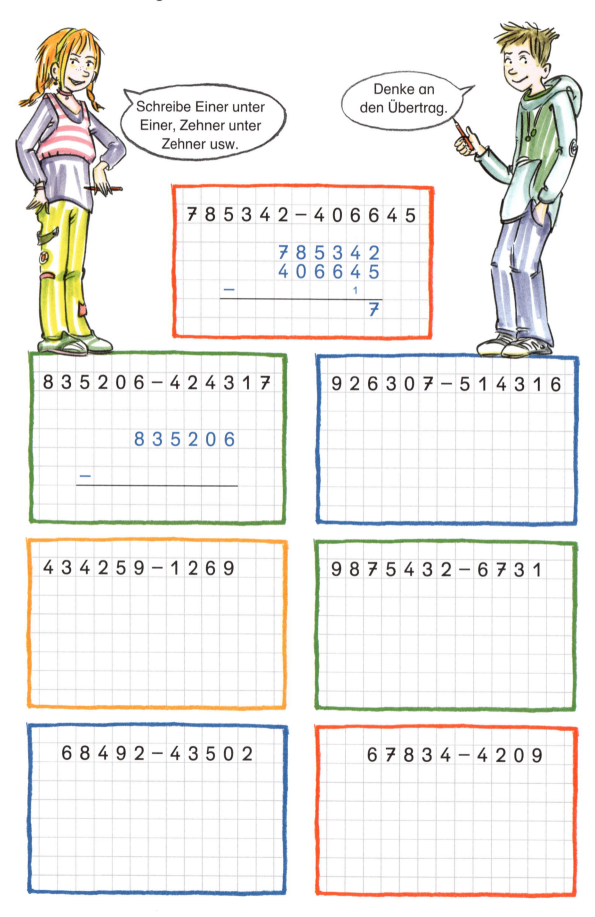

Schriftlich subtrahieren mit Überschlag

Löse die Aufgaben. Überprüfe deine Ergebnisse mit dem Überschlag.

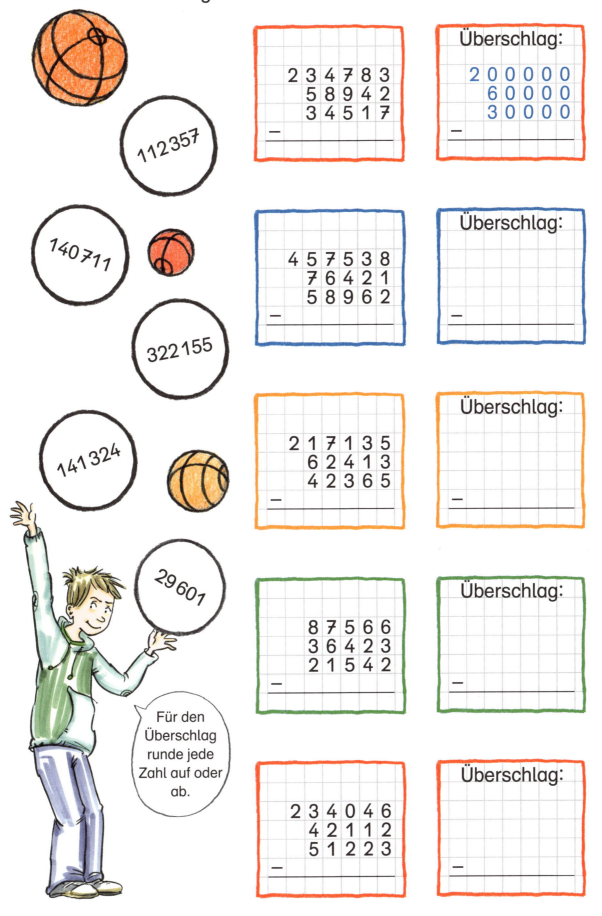

Für den Überschlag runde jede Zahl auf oder ab.

Multiplizieren mit Stufenzahlen

Rechne alle Aufgaben.
Markiere die leichte Aufgabe.

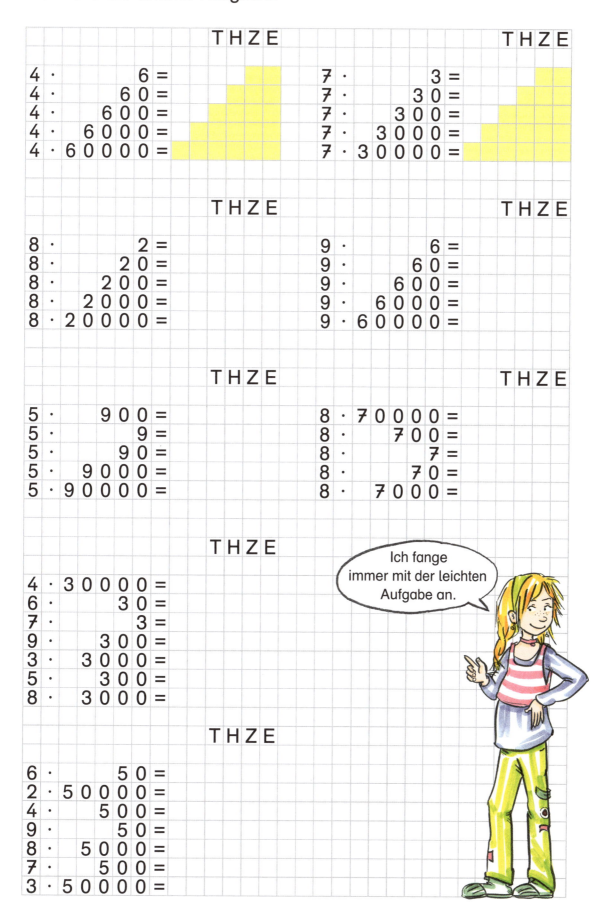

	T H Z E			T H Z E
4 · 6 =			7 · 3 =	
4 · 60 =			7 · 30 =	
4 · 600 =			7 · 300 =	
4 · 6000 =			7 · 3000 =	
4 · 60000 =			7 · 30000 =	

	T H Z E			T H Z E
8 · 2 =			9 · 6 =	
8 · 20 =			9 · 60 =	
8 · 200 =			9 · 600 =	
8 · 2000 =			9 · 6000 =	
8 · 20000 =			9 · 60000 =	

	T H Z E			T H Z E
5 · 900 =			8 · 70000 =	
5 · 9 =			8 · 700 =	
5 · 90 =			8 · 7 =	
5 · 9000 =			8 · 70 =	
5 · 90000 =			8 · 7000 =	

T H Z E

4 · 30000 =
6 · 30 =
7 · 3 =
9 · 300 =
3 · 3000 =
5 · 300 =
8 · 3000 =

Ich fange immer mit der leichten Aufgabe an.

T H Z E

6 · 50 =
2 · 50000 =
4 · 500 =
9 · 50 =
8 · 5000 =
7 · 500 =
3 · 50000 =

Halbschriftlich multiplizieren

Rechne die Aufgaben schrittweise wie im Beispiel und male die passenden Ergebnispfosten an.

```
5 · 4312 = 21560
5 · 4000 = 20000
5 ·  300 =  1500
5 ·   10 =    50
5 ·    2 =    10
```

Pfosten: 21560, 17560, 37308, 22113, 21444, 47621, 28644

```
6 · 3574 =
6 ·      =
6 ·      =
6 ·      =
6 ·      =

8 · 2195 =
8 ·      =
8 ·      =
8 ·      =
8 ·      =

4 · 9327 =
4 ·      =
4 ·      =
4 ·      =
4 ·      =

7 · 6803 =
7 ·      =
7 ·      =
7 ·      =

3 · 9548 =

9 · 2457 =
```

Schriftlich multiplizieren mit einstelligen Zahlen

Schau dir das Beispiel genau an und rechne wie dort.
Male die Hunde mit den passenden Ergebnissen an.

Schriftlich multiplizieren mit zweistelligen Zahlen

Schau dir das Beispiel genau an.
Löse die Aufgaben.

Löse die Aufgaben. Das Beispiel zeigt dir, wie du rechnen musst.

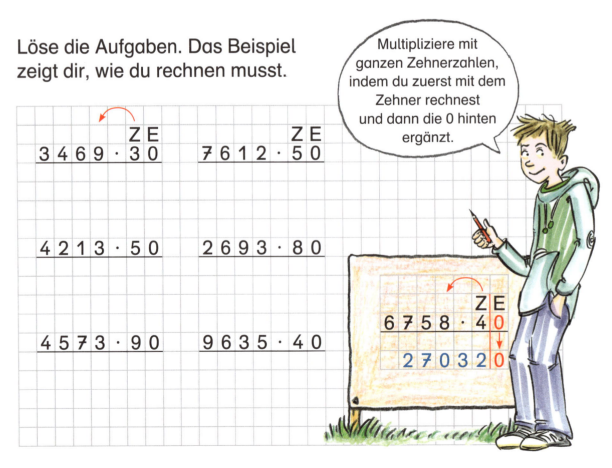

Schriftlich multiplizieren mit dreistelligen Zahlen

Schau dir das Beispiel an und löse die Aufgaben.
Male die passenden Ergebnisfische an.

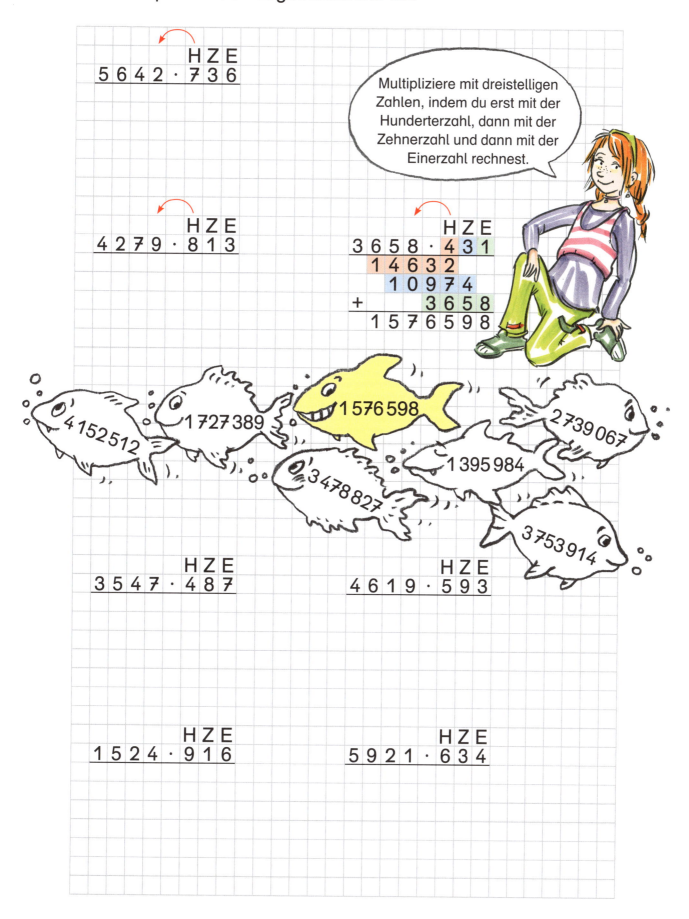

Halbschriftlich dividieren

Löse die Aufgaben schrittweise wie im Beispiel.

```
 96 : 8 =        78 : 6 =        75 : 5 =
 80 : 8 =           : 6 =           : 5 =
 16 : 8 =           : 6 =           : 5 =


 51 : 3 =       102 : 6 =       126 : 7 =
    : 3 =           : 6 =           : 7 =
    : 3 =           : 6 =           : 7 =


360 : 8 =       168 : 3 =       378 : 9 =
    : 8 =           : 3 =           : 9 =
    : 8 =           : 3 =           : 9 =


104 : 4 =       574 : 7 =       243 : 9 =
```

Schriftlich dividieren durch einstellige Zahlen

Rechne wie im Beispiel schrittweise von links nach rechts.

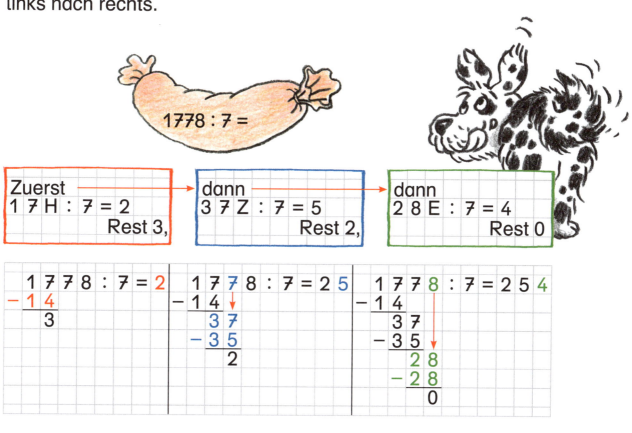

1778 : 7 =

Zuerst
17 H : 7 = 2
Rest 3,

dann
37 Z : 7 = 5
Rest 2,

dann
28 E : 7 = 4
Rest 0

```
 1 7 7 8 : 7 = 2
-1 4
     3
```

```
 1 7 7 8 : 7 = 2 5
-1 4
   3 7
  -3 5
     2
```

```
 1 7 7 8 : 7 = 2 5 4
-1 4
   3 7
  -3 5
     2 8
    -2 8
       0
```

2 6 0 0 : 8 =

5 7 3 3 : 9 =

3 2 3 4 : 7 =

2 2 5 2 : 4 =

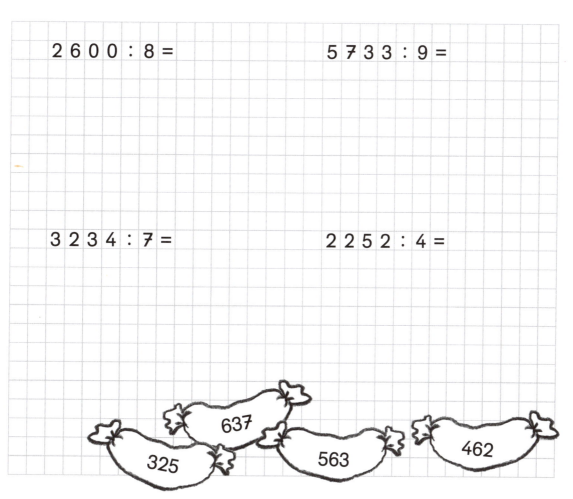

325   637   563   462

23

Schriftlich dividieren mit Rest

Löse die Aufgaben wie im Beispiel.

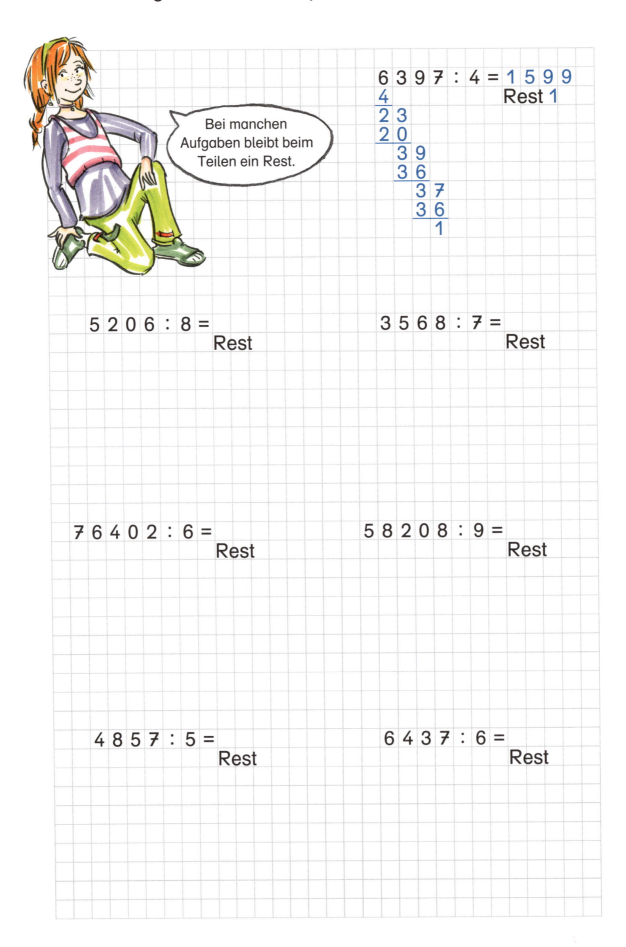

6397 : 4 = 1599 Rest 1

5206 : 8 = Rest

3568 : 7 = Rest

76402 : 6 = Rest

58208 : 9 = Rest

4857 : 5 = Rest

6437 : 6 = Rest

Dividieren mit Probe

Rechne die Divisionsaufgaben und überprüfe mit den Multiplikationsaufgaben.

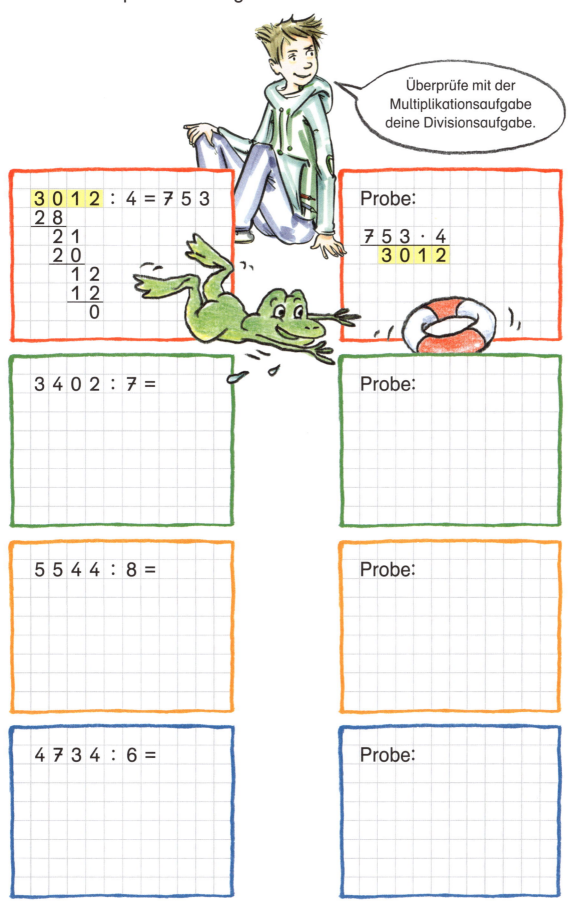

Überprüfe mit der Multiplikationsaufgabe deine Divisionsaufgabe.

3012 : 4 = 753
28
 21
 20
  12
  12
   0

Probe:
753 · 4
3012

3402 : 7 =

Probe:

5544 : 8 =

Probe:

4734 : 6 =

Probe:

Schriftlich dividieren durch zweistellige Zahlen

Rechne die Divisionsaufgaben. Suche die passenden Multiplikationsaufgaben und überprüfe so deine Ergebnisse.

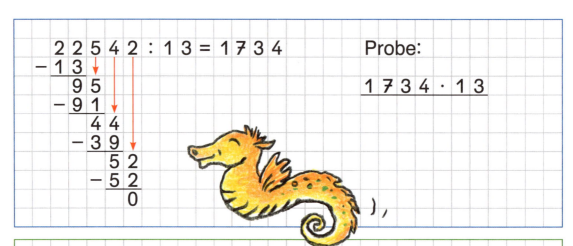

22542 : 13 = 1734   Probe:
−13
  95   1734 · 13
 −91
    44
   −39
     52
    −52
      0

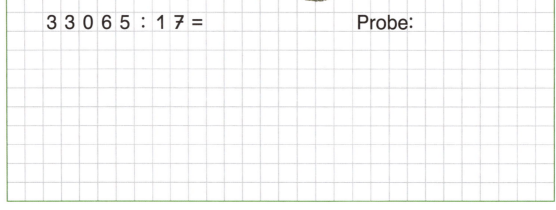

33065 : 17 =   Probe:

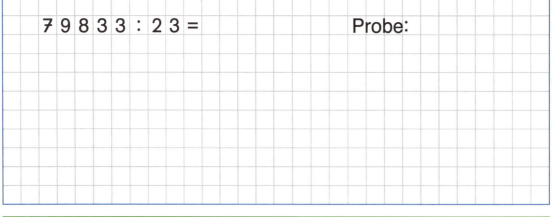

79833 : 23 =   Probe:

64512 : 16 =   Probe:

Rechenregeln beachten

Rechne die Aufgaben. Beachte dabei die Rechenregeln.

Summanden darfst du vertauschen.

25 + 36 + 75 + 64 =
25 + 75 + 36 + 64 =

43 + 16 + 7 + 34 =
__ + __ + __ + __ =

99 + 89 + 1 + 11 =
__ + __ + __ + __ =

Faktoren darfst du vertauschen.

7 · 25 · 8 · 4 =
7 · 8 · 25 · 4 =

4 · 18 · 25 · 2 =
4 · 25 · 18 · 2 =

8 · 56 · 25 · 2 =
__ · __ · __ · __ =

Addition:
444 + 2 = 446
Summand + Summand = Summe

Subtraktion:
888 − 5 = 883
Minuend − Subtrahend = Differenz

Multiplikation:
6 · 3 = 18
Faktor · Faktor = Produkt

Division:
80 : 8 = 10
Dividend : Divisor = Quotient

Rechne immer Punkt (· und :) vor Strich (+ und −).

7 · 3 + 22 =
21 + 22 =

7 · 8 + 4 · 5 =
__ + __ =

6 · 9 − 2 · 5 =
__ − __ =

49 : 7 + 14 =
__ + __ =

21 + 6 : 2 =
__ + __ =

Wenn Rechnungen in einer Klammer stehen, rechne diese immer zuerst aus.

20 · (5 + 4) =
20 · 9 =

(27 − 20) · 10 =
__ · __ =

(16 + 34) : 5 =
__ : __ =

8 · (6 + 4) · 9 =
__ =

9 · (8 − 7) · 3 =
__ =

Lösungen

Seite 2
86.512, 7.346, 1.045.387,
809.742, 2.734.510, 7.895.346,
823.024, 426.510

Seite 4
① 27 000, 29 000, 30 000, 32 000
② 200 000, 350 000, 600 000, 800 000
③ 62 500, 64 000, 65 500, 67 500
④ 70 000, 100 000
⑤ 750 000, 1 050 000
⑥ 40 200, 40 600, 40 900

Seite 6

ab-runden		auf-runden
	7385	7400
	4293	4300
	6175	6200
1500	1529	
8700	8712	
9300	9336	
	4568	4600

ab-runden		auf-runden
334 000	334 197	
546 000	546 314	
	38 792	39 000
	16 949	17 000
	465 796	466 000
546 000	546 392	
15 000	15 124	

Seite 7
40 600 + 25 200 = 65 800
66 180 + 31 200 = 97 380
251 300 + 30 400 = 281 700
182 400 + 10 300 = 192 700
56 200 + 22 400 = 78 600
43 290 + 32 400 = 75 690

Seite 8

	76 588	77 628
87 777	98 655	86 998
	101 291	68 181
	88 008	81 720
94 003	888 977	888 899

Seite 9
68 000 + 35 000 = 103 000
35 000 + 43 000 = 78 000
84 000 + 20 000 = 104 000
281 000 + 6 000 = 287 000
313 000 + 42 000 = 355 000

Seite 10
53 + 7 + 18 + 2 = 80
9 + 1 + 7 + 3 = 20
16 + 14 + 23 + 27 = 80
31 + 19 + 25 + 15 = 90

23 + 7 + 18 + 12 = 60
2 + 18 + 46 + 4 = 70
7 + 43 + 38 + 2 = 90
32 + 8 + 27 + 3 = 70
5 + 35 + 16 + 4 = 60

133 200   163 745
222 220   222 220

Seite 12
75 800 − 3 400 = 72 400
97 900 − 6 300 = 91 600
86 900 − 4 500 = 82 400
219 600 − 2 680 = 216 920
435 800 − 3 240 = 432 560
586 900 − 3 420 = 583 480

Seite 14
835 206 − 424 317 = 410 889
926 307 − 514 316 = 411 991
434 259 − 1 269 = 432 990
9 875 432 − 6 731 = 9 868 701
68 492 − 43 502 = 24 990
67 834 − 4 209 = 63 625

Seite 15
500 000 − 80 000 − 60 000 = 360 000
200 000 − 60 000 − 40 000 = 100 000
88 000 − 36 000 − 22 000 = 30 000
230 000 − 40 000 − 50 000 = 140 000

Seite 16

```
  58713          56248
   2465           2465
−    11      +      11
  56248          58713

 367536         291115
  76421          76421
−     1      +      1
 291115         367536

 751264         429811
 321453         321453
−    11      +     11
 429811         751264

 968570         908694
  59876          59876
−   1111     +   1111
 908694         968570
```

Seite 17
24, 240, 2 400, 24 000, 240 000
21, 210, 2 100, 21 000, 210 000
16, 160, 1 600, 16 000, 160 000
54, 540, 5 400, 54 000, 540 000
4 500, 45, 450, 45 000, 450 000
560 000, 5 600, 56, 560, 56 000
120 000, 180, 21, 2 700, 9 000, 1 500, 24 000
300, 100 000, 2 000, 450, 40 000, 3 500, 150 000

Seite 20
2 542 · 62 = 157 604
4 598 · 81 = 372 438
5 127 · 34 = 174 318
2 861 · 45 = 128 745
9 212 · 22 = 202 664
4 783 · 52 = 248 716

3 469 · 30 = 104 070
7 612 · 50 = 380 600
4 213 · 50 = 210 650
2 693 · 80 = 215 440
4 573 · 90 = 411 570
9 635 · 40 = 385 400

Seite 22

12	13	15
17	17	18
45	56	42
26	82	27

Seite 24
5 206 : 8 = 650 Rest 6
3 568 : 7 = 509 Rest 5
76 402 : 6 = 12 733 Rest 4
58 208 : 9 = 6 467 Rest 5
4 857 : 5 = 971 Rest 2
6 437 : 6 = 1 072 Rest 5

Seite 25
3 402 : 7 = 486
Probe: 486 · 7 = 3 402

5 544 : 8 = 693
Probe: 693 · 8 = 5 544

4 734 : 6 = 789
Probe: 789 · 6 = 4 734

Seite 26
Probe: 1 734 · 13 = 22 542

33 065 : 17 = 1 945
Probe: 1 945 · 17 = 33 065

79 833 : 23 = 3 471
Probe: 3 471 · 23 = 79 833

64 512 : 16 = 4 032
Probe: 4 032 · 16 = 64 512

Seite 27
25 + 75 + 36 + 64 = 200
43 + 7 + 16 + 34 = 100
99 + 1 + 89 + 11 = 200

7 · 8 · 25 · 4 = 5 600
4 · 25 · 18 · 2 = 3 600
8 · 25 · 2 · 56 = 22 400

Punkt vor Strich:
43, 76, 44, 21, 24

Rechnungen mit Klammern:
180, 70, 10, 720, 27

Zielrechnen

Zielrechnen

So spielst du Zielrechnen:
Du brauchst den großen Würfel von Seite 31.
Auf dieser Seite findest du auch vier Spielfiguren
zum Ausmalen und Zusammenkleben.
Ihr könnt Zielrechnen aber auch mit mehr
als vier Spielern spielen.
Ihr würfelt der Reihe nach mit dem großen Würfel,
der Jüngste beginnt. Jeder Spieler rückt so viele Felder vor,
wie der Würfel Augenzahlen zeigt.
Landet eine Spielfigur auf einem roten Feld,
löst der Spieler die Aufgabe, die der Würfel anzeigt,
und setzt seine Figur auf das passende Ergebnisfeld.
Nun ist der nächste Spieler am Zug.

Wer zuerst im Ziel ankommt, hat gewonnen.

Zielrechnen: Spielwürfel

Schneide das Würfelnetz und die Spielfiguren aus. Falte den Würfel an den durchgezogenen Linien. Klebe Würfel und Spielfiguren an den grauen Flächen zusammen. Die Spielfiguren kannst du auch ausmalen.

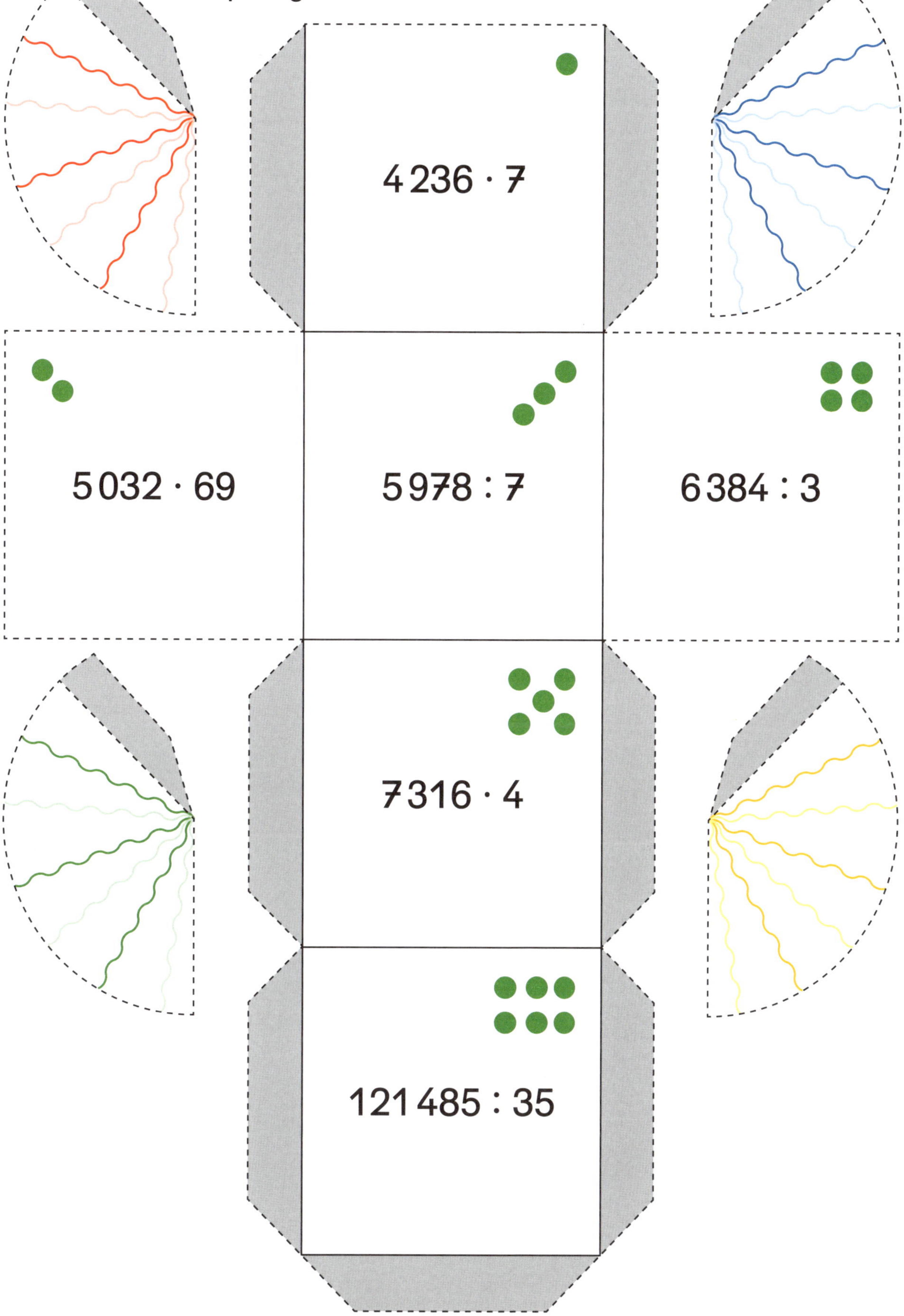

4 236 · 7

5 032 · 69

5 978 : 7

6 384 : 3

7 316 · 4

121 485 : 35

Zielrechnen: Spielwürfel

Schneide das Würfelnetz und die Spielfiguren aus. Falte den Würfel an den durchgezogenen Linien. Klebe Würfel und Spielfiguren an den grauen Flächen zusammen. Die Spielfiguren kannst du auch ausmalen.

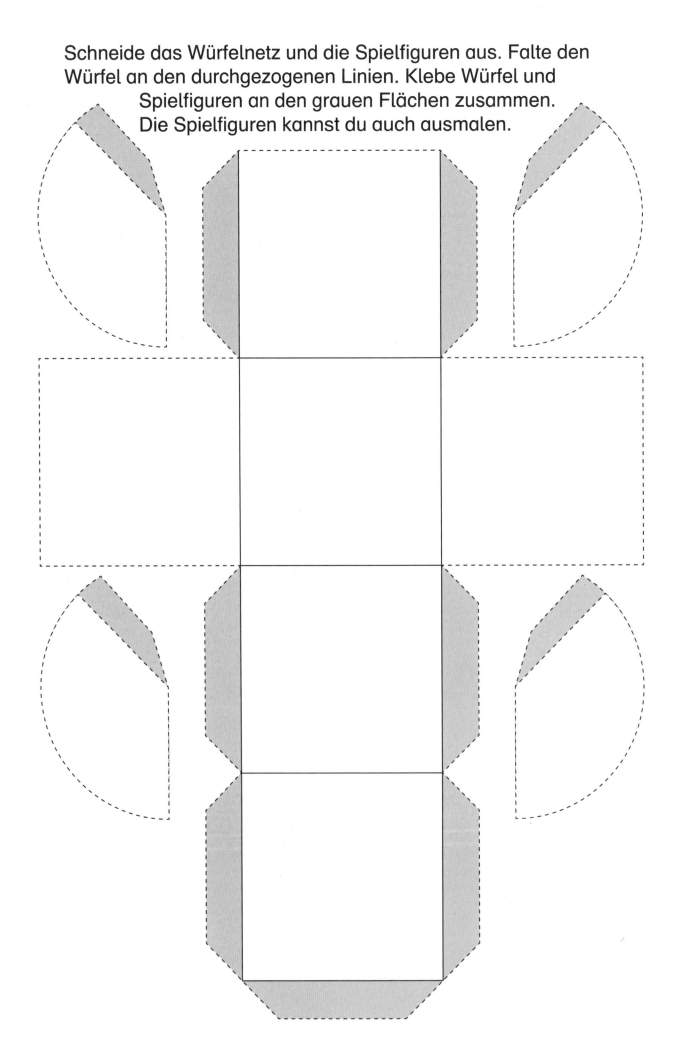